AF330944

L 27/n
2969L.

ALLOCUTION

prononcée pour la

BÉNÉDICTION NUPTIALE

DE

M. Moïse JOUVE

ET DE

Mⁱˡᵉ Marie-Claire LEFEBVRE

PAR

M. l'Abbé Lucien JOUVE

VICAIRE DE NOTRE-DAME DE CHATEAUROUX

BOURGES

IMPRIMERIE A. JOLLET, H. SIRE, SUCCESSEUR

1877

ALLOCUTION

PRONONCÉE POUR

LA BÉNÉDICTION NUPTIALE

DE

M. Moïse JOUVE

ET DE

Mlle Marie-Claire LEFEBVRE

PAR

M. l'Abbé Lucien JOUVE

VICAIRE DE NOTRE-DAME DE CHATEAUROUX

BOURGES

IMPRIMERIE A. JOLLET, H. SIRE, SUCCESSEUR

1877

ALLOCUTION

PRONONCÉE POUR

LA BÉNÉDICTION NUPTIALE

DE

M. Moise JOUVE & de Mlle Marie-Claire LEFEBVRE

Mon cher Frère et ma chère Sœur,

Je ne sais pas de spectacle plus attendrissant pour mon cœur que celui qui m'est offert en ce moment, au pied de cet autel. Je regarde... je vous contemple et je me sens ému; et, dans le secret de mon âme, je prie Dieu de me soutenir durant tout le cours de cette auguste cérémonie. Oui, que Notre-Seigneur soit au milieu de nous : Auteur de tout bien, Consolateur dans les temps de tristesse et de deuil, Il est aussi le Consécrateur de nos joies pures; et c'est à Lui qu'il faut avoir recours dans les circonstances solennelles, dans les actes les plus décisifs de notre vie chrétienne.

Mon cher Frère et ma chère Sœur, le Sacrement que vous allez recevoir est grand en Jésus-Christ et dans son Église; grand par le mystère qu'il représente, qui est l'Incarnation du Verbe; grand par les grâces

qu'il confère; grand par les devoirs et les obligations qu'il impose. Ce n'est point une alliance purement naturelle, comme celle qui se fait encore de nos jours chez les peuples qui ne connaissent point Dieu; ce n'est point une simple convention qui se passe en famille et qu'on peut rompre facilement dans les nécessités extrêmes; un contrat purement civil, semblable à celui qu'hier vous passiez ensemble, et qui confiait à la garde de notre législation vos libertés et vos droits respectifs; ce n'est plus même une simple cérémonie religieuse que l'usage seul a consacrée, et dont on peut s'acquitter sans préparation, sans recueillement et sans piété, non; c'est un éternel engagement, une union irrévocable, un rapprochement divin de deux existences jusque-là séparées; c'est un céleste contrat que Jésus-Christ a élevé au plus haut degré d'honneur; une alliance surnaturelle où le Ciel s'interpose pour vous protéger et vous bénir; un Sacrement de la loi de grâce qui donne aux époux chrétiens cet esprit de concorde pour s'aimer, de douceur et de charité pour supporter patiemment leurs défauts, de sollicitude pour veiller à leurs besoins réciproques, de sagesse et de religion pour se sanctifier dans leur état et élever leurs enfants dans la crainte du Seigneur.

Ainsi, sous quelque regard qu'on le considère, le mariage est saint et honorable; saint et honorable par rapport à son auteur, qui est Dieu lui-même; saint et honorable par rapport à son modèle, qui est l'union divine de Jésus-Christ avec son Église; saint et honorable par rapport à son effet, qui est l'augmentation des grâces surnaturelles et particulières que Dieu a rangées et subordonnées pour faire atteindre les époux à la sainteté de leur nouvelle vie; saint et honorable par rapport à sa fin, qui est de multiplier le Christianisme et de donner à l'Église des enfants vertueux : tel est ce Sacrement de la loi nouvelle, tels en sont les précieux avantages, et j'ajoute que c'est pour en méconnaître la nature et en mépriser les sacrés devoirs que tant de familles dégénèrent et donnent à la société l'exemple de la dissolution et de la ruine.

Pour vous, mon cher Frère et ma chère Sœur, il n'en sera pas ainsi. Instruits l'un et l'autre sur ces grandes vérités, vous avez senti que, pour vous rendre dignes d'une si haute vocation et vous préparer à de si grandes grâces, l'assistance du Ciel vous était absolument nécessaire. Vous vous êtes persuadés que vos noces ne sauraient être heureuses si Jésus-Christ lui-même n'y était invité et ne s'intéressait à votre sainte alliance; et voilà pourquoi, après l'y avoir engagé par vos longues et ferventes prières, vous venez aujourd'hui dans la maison de Dieu réaliser devant le tabernacle ces vœux que vos cœurs ont formés, vous jurer au pied des saints autels cette foi conjugale, le fondement de votre bonheur, et recevoir de la main du prêtre la bénédiction et la consécration de ces liens ineffables qu'une élection providentielle, que des rapports de famille et une parfaite analogie de sentiments et de caractère ont d'avance si admirablement disposés.

Aussi, n'en doutez pas, ces engagements que vous allez prendre seront beaux et solennels ; elle sera pieuse et consolante cette union de vos cœurs ; ils seront doux ces nœuds que vous allez resserrer sous les regards de Dieu et qu'une société commune va rendre pour jamais indissolubles. Société ineffable ! vous serez le bonheur de la famille, comme vous en serez le plus ferme appui ; vous y demeurerez comme le bien le plus inestimable, et, sous votre action bénie, on les verra l'un et l'autre se porter, par une noble émulation, à aimer Dieu et à le servir, s'animer par une même union d'esprit et de cœur à la pratique des vertus chrétiennes, ne trouvant de véritable plaisir que dans l'accomplissement de leurs nouveaux devoirs, et gagnant ainsi les faveurs et les grâces du Ciel.

Toutefois, parmi les obligations que l'Église infère de cette union indissoluble, il en est une qu'il vous est important de bien connaître, parce que vous la devez religieusement observer. Je veux parler de l'amour pur, de l'amour durable, de l'amour constant et fidèle que vous devez avoir l'un pour l'autre. Or, voici en ce point la règle que vous devez scrupuleusement garder : Vous vous aimerez l'un et l'autre comme Jésus-Christ a aimé son Église, non-seulement à cause de vos qualités et de vos mérites, ni parce que vos âmes se sont mutuellement embrassées, ni parce que vos cœurs y trouvent leur attrait, mais parce que Dieu le veut ainsi et qu'il se présente à vous comme un modèle qu'il faut imiter à tout prix.

Vous, mon cher Frère, vous aimerez votre épouse plus qu'aucun être au monde, étant prêt à quitter pour elle, comme elle le ferait pour vous, vos parents bien-aimés, puisque c'est aux termes de l'Évangile, et à plus forte raison jusqu'à rompre tout autre nœud qui pourrait amoindrir l'amour que vous lui devez. Vous la considérerez comme un autre vous-même, comme un aide semblable à vous que Dieu vous a donné pour compagne. Vous lui donnerez vos soins et vos conseils, vous lui servirez de guide, vous lui serez dévoué dans les joies comme dans les afflictions, et, bien loin de rendre trop impérieuse cette autorité dont vous allez être revêtu, et d'écouter parfois ces fâcheuses humeurs qui troublent si souvent les charmes du foyer domestique, vous agirez toujours avec douceur et tendresse, estimant que c'est le plus sûr moyen de maintenir parmi vous le parfait accord de vos volontés et de vos cœurs. Et tous ces sentiments de conduite conjugale, vous les trouverez naturellement, j'en suis convaincu, dans ces principes de christianisme, de sagesse et d'honneur que vous avez puisés au sein de votre famille, fortifiés par la grâce de Dieu, sous la direction d'ecclésiastiques pieux et dévoués, conservés enfin et rendus plus solides et plus fermes au milieu même d'un peuple le moins capable de les entretenir ; vous les trouverez dans votre cœur généreux et tendre, dans la douceur de votre caractère heureux et facile, dans cette nature loyale et franche qui vous gagne, comme par enchantement, toutes les sympathies, dans cette intelligence

qui sut gagner, en si peu de temps, et sous l'autorité
des hommes les plus distingués, les premières notes
et les premières places ; dans toutes ces qualités,
enfin, sur lesquelles je m'étendrais avec complai-
sance si la réserve ne m'était commandée par le lien
qui nous unit.

Et vous, ma chère Sœur, par quel pur et légitime
empressement, par quelles suaves tendresses, par
quels soins pieux ne répondrez-vous pas au zèle de
votre époux. Vous l'aimerez et l'honorerez comme
l'Église a aimé et honoré Jésus-Christ, c'est-à-dire
comme votre chef et votre soutien, comme votre
confident et votre protecteur. Il y a des jours tristes
dans la vie, (nul n'est exempt de peines), vous les
partagerez avec lui et les adoucirez par ces tendres
attentions qui conviennent particulièrement à l'épouse,
par ces grâces naturelles que Dieu ne vous a point
épargnées.

Il est dit, au livre des *Proverbes*, que c'est un des
plus grands bonheurs, et pour le temps et pour l'éter-
nité, que de se lier avec une personne qui nous porte
au bien, et l'Esprit-Saint ajoute que celui-là qui a
trouvé une épouse selon le cœur de Dieu, a trouvé le
plus inappréciable trésor. C'est qu'en effet, l'épouse
de nos saints Livres étant toute à Dieu et toute à son
époux, ne songe qu'à plaire à l'un et à l'autre et ne
place son plaisir que dans l'accomplissement de ce
devoir sacré. Après Dieu qu'elle préfère à tout et
dont l'amour ferme et généreux la soutient et la for-
tifie, elle donne à celui dont elle partage l'existence

tout son dévouement et tout son cœur. La prudence, la douceur et la modestie font l'ornement de son âme. La charité habite dans son cœur et conduit toutes ses paroles, et au lieu de se dépenser au dehors, elle s'occupe dans sa maison, où elle fait régner toujours le travail, l'ordre et l'économie, ce qui procure à sa famille l'abondance et la paix, la confiance et le bonheur.

De plus, elle sait obéir dans la mesure d'une sage subordination, et si parfois elle a à faire sentir que Dieu doit être obéi tout le premier, elle le fait avec tendresse et en ces termes aimables et touchants par lesquels tout passe et tout est accepté. Aussi, ses enfants la bénissent, et son époux, dont elle entretient l'estime, la tendresse et la foi, lui donne des louanges; et c'est ainsi qu'elle trouve, dans cet échange de religieux sentiments, ce bonheur incomparable, cette paix de l'âme et de la conscience qui est l'unique voie de la vraie félicité.

Est-ce une vérité que j'exprime, ma chère Sœur, ou est-ce une prophétie que je viens de faire? Je souhaite... ou plutôt je me persuade que c'est l'un et l'autre. J'en ai pour garant, et cette parfaite éducation qui vous distingue, et ces principes de vertus héréditaires que vous avez puisés à l'école de parents profondément chrétiens. Ah! ici, une pensée cruelle vous frappe..., votre regard se trouble...; une blessure à peine fermée vient de se rouvrir au fond de votre cœur... Quelqu'un manque dans cette réunion de famille, qui devait lui-même vous présenter au Seigneur et vous embrasser dans les effusions de sa paternelle tendresse... Sensible et généreuse enfant, séchez vos larmes toutes chrétiennes : ce bon père, dont vous pleurez l'absence et que vous appelez ici de toute l'ardeur de votre filial amour, il n'est pas loin de nous; il vit dans le sein de Dieu, d'où il vous contemple et vous bénit. La mort ne nous l'a point ravi entièrement; son souvenir si cher ne s'est point effacé de nos cœurs; il est là, tout vivant encore au milieu de nous, et quand je dis au milieu de nous, j'entends parler non-seulement de ses enfants, de sa famille selon la chair et des nombreux amis qui entourent cette famille de leur respect et de leur attachement; non-seulement de sa famille selon la charité, je veux dire les pauvres qui l'ont connu et dont il était l'ami, le père et le modèle, mais encore de notre vieille cité de Bourges, où il a laissé tout le parfum de ses vertus, et qui, au jour de sa mort, voulut rendre à ce digne capitaine un hommage solennel de chrétienne sympathie. Oui, ce fut un jour de triomphe pour cet homme de bien. Tous les rangs de la société, (car son estime était générale), petits et grands s'étaient rassemblés autour de ses restes mortels : le prêtre et le soldat chrétien, qui admiraient une telle mort; le riche et le pauvre, qui pleuraient un modèle et un père; l'enfant et le jeune homme, qui appréciaient là ce que valent le dévouement et le devoir joints à la pratique des vertus, tous étaient venus entourer ce cercueil de leurs prières et de leurs regrets, et faire ainsi à ce brave soldat des funérailles qu'aurait pu envier un prince victorieux.

Mais je n'ai pas entrepris de faire son éloge; il est dans toutes les bouches, et mon discours n'ajoute rien à l'éclat de sa splendide auréole. Demandons-lui seulement, à cette heure, de bénir son enfant, celle dont les jeunes années ont sans doute, à ses derniers moments, excité davantage ses regrets et sa paternelle sollicitude; demandons-lui de les bénir l'un et l'autre et d'attirer sur eux, par la puissance de ses prières, tous les trésors de la grâce.

Consolez-vous, ma chère Sœur, il vous reste encore une bonne et tendre mère qui, à force d'amour, d'intrépidité et d'admirable courage, sut vous garder toujours, malgré les revers de la fortune, dans le rang où Dieu vous avait fait naître; il vous reste encore une sœur qui, jusqu'ici, vous a conduite comme par la main à travers le monde, partageant vos joies et vos peines, et qui, à l'heure de la séparation, vous promet... ah!... toutes ses larmes et tout son cœur; il vous reste encore deux frères dévoués pour vous adoucir une autre perte, celle d'un frère bien-aimé, pieux lévite enlevé trop jeune au sacerdoce, mais dont la présence au ciel et les prières ardentes sont un bienfait pour tous; il vous reste enfin toute une famille qui vous affectionne, et de nombreux amis qui sont venus aujourd'hui, heureux et empressés, pour vous faire cortége aux pieds de Notre-Seigneur.

Encore une fois, consolez-vous et soyez heureux l'un et l'autre. Votre union sera sainte et agréable à

Dieu ; fondée sur l'amour divin, elle résistera à tous les souffles contraires ; elle se fortifiera en vieillissant et elle vous conduira, toujours heureux et toujours unis dans cette société ineffable, jusque par delà la tombe, jusqu'au sein de l'éternelle Union des âmes, où les nœuds ne se brisent, où les amitiés ni les amours ne vieillissent plus.

Divin Auteur de toutes les grâces ! Dieu tout-puissant et éternel ! c'est vers vous qu'en ce moment nous élevons nos âmes. Abaissez sur nous des regards favorables, daignez exaucer nos vœux et déposez dans le cœur de ces deux époux qui vous implorent, ces dispositions saintes qu'apportaient à leurs noces les anciens patriarches et les filles d'Israël. Divin Consécrateur des célestes alliances ! faites que le très-saint Sacrifice que je vais offrir moi-même confirme cette union si chère ; faites que les anges de cette Église la proclament bien haut ; faites que la Vierge bénie, dont les cantiques et les louanges ont été tant de fois délicieusement chantés dans ce sanctuaire, la couvre de son auguste protection ; faites, enfin, que votre divin Fils, le Christ Jésus, l'agrée et la ratifie du haut des Cieux, en répandant sur elle ses plus fécondes, ses plus abondantes bénédictions.

Vierzon, le 12 mars 1877.

Imp. A. Jollet, H. SIRE, successeur. — 2823

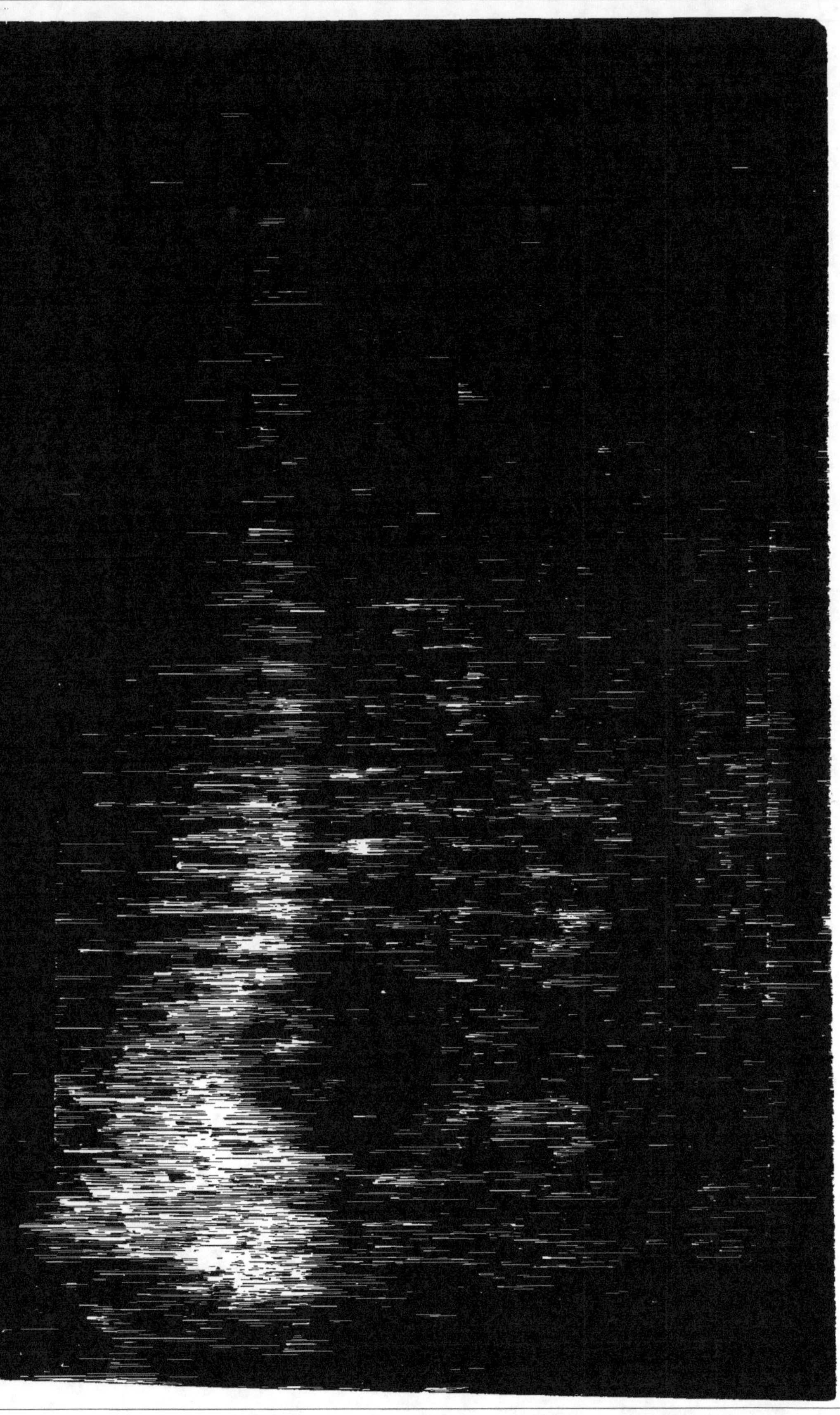